Glindower Gesichter

2017–2019

Aufgezeichnet für den Heimatverein Glindow

von Edith Mende

Impressum

Bibliografische Information der Deutschen Nationalbibliothek:
Die Deutsche Nationalbibliothek verzeichnet diese Publikation in der Deutschen Nationalbibliografie; detaillierte bibliografische Daten sind im Internet über http://dnb.dnb.de abrufbar.

© 2019 Edith Mende

Korrektorat und Mitgestaltung: Ingo Henseke

Titelfoto: Das junge Paar Erna und Hans-Georg Talke im Sommer 1957 gemeinsam mit dem Pflegevater von Hans Talke (links) sowie Ernas Bruder (2. v. l.) – siehe Seite 34.

Herstellung und Verlag: BoD – Books on Demand, Norderstedt

ISBN: 978-3-750-40858-6

Vorwort

Wir wissen heute nicht so genau, wie die Menschen waren, die sich vor 700 Jahren hier angesiedelt hatten. Damals, als Glindow zum ersten Mal in einem Dokument erwähnt wurde. Viel mehr, als dass sie vom Fischfang lebten, ist über sie nicht bekannt. Oder doch, mit Ton oder Lehm müssen sie schon gearbeitet haben, gab doch das entsprechende slawische Wort Glina dem Dorf seinen Namen. Dennoch, viele Details ihres Alltags werden wohl für immer im Dunkel der Geschichte bleiben. Wie aber leben die Glindower heute und wie sah ihr Alltag in den vergangenen siebzig oder gar achtzig Jahren aus? Das kann man noch sehr genau erfahren. Wenn man die älteren Einwohner fragt.

Als 2017, im Jahr des Ortsjubiläums, im Heimatverein die Idee geboren wurde, Lebensgeschichten von Menschen festzuhalten, die über Jahrzehnte den Charakter und das Gesicht des Ortes ausmachten, hob ich als Journalistin im Ruhestand den Finger. Da ahnte ich noch nicht, welch interessante und berührende Bekanntschaften ich bei meinen Recherchen machen sollte. Es ist kein Nobelpreisträger unter den bislang elf bislang entstandenen Einzel- und Doppel-Porträts, das war auch gar nicht Ziel der Aktion. Dennoch war ich überrascht, wie viele ganz wunderbare Frauen und Männer in meiner Nachbarschaft leben. Zupackend, fleißig, humorvoll und so herzlich. Ich möchte allen danken, die mich über ihren Gartenzaun blicken ließen in ihren ganz privaten Bereich. Und jedes Leben ist auf irgendeine Art Teil der Glindower Geschichte. Egal, ob jemand im legendären Glindower Krankenhaus oder ganz weit weg geboren wurde. Sie alle haben die Neugier auf weitere spannende Biografien in mir geweckt.

Die Porträts wurden zwischen dem Frühjahr 2017 und dem März 2019 aufgeschrieben. Damit der Leser Ereignisse und Altersangaben zeitlich richtig einordnen kann, habe ich jeweils den Entstehungszeitraum vorangestellt.

Edith Mende, Glindow, 2019

Ein Leben in Bewegung

Günter Arndt (März 2017)

Nichts wie weg aus dem Dorf wollte Günter Arndt nach seinem Schulabschluss. In Berlin konnte der technisch interessierte Junge sich bei einer Tante einquartieren und eine Lehre zum Werkzeugmacher beginnen. Damit das Gewerbe des Vaters in Glindow weitergeführt werden konnte, hatte sein um ein Jahr älterer Bruder Kurt den Weg zum Orthopädieschuhmacher eingeschlagen. Das war in der zweiten Hälfte der 1930-er Jahre. Wenig später begann der zweite Weltkrieg und Kurt fiel. Gerade zwanzigjährig. Dem jüngeren der Arndt-Brüder blieb die Einberufung an die Front nur deshalb erspart, weil sein Berliner Betrieb für die Rüstung produzierte.

Günter Arndt im heimischen Garten.

Mit dem Ende des Krieges kehrte er zurück in sein Elternhaus. Bis heute ist es das Zuhause von Günter Arndt geblieben. Hier hat er seine Wurzeln. Anfang Juni 2017 feierte er dort auch seinen 95. Geburtstag als einer der ältesten Einwohner Glindows. Leider sind ihrem humorvollen und geselligen Mann in den letzten Jahren nach und nach die alten Freunde verloren gegangen, bedauert seine Frau. Manchmal habe sich ihr schon der Gedanke aufgedrängt, dass

Seit 55 Jahren sind Ilse und Günter Arndt verheiratet.

ihrem Günter ein gutes und langes Leben vergönnt ist, weil das seines Bruders so früh enden musste.

Das Taxiunternehmen Arndt ist in dem heutigen Ortsteil von Werder noch immer ein Begriff, obwohl es seit zwölf Jahren nicht mehr besteht. Von Ilse oder Günter Arndt konnte man sich beispielsweise nachts abholen lassen, wenn man in Potsdam mal richtig schwofen gehen wollte. Die beiden waren freitags und montags mit ihrem Wagen zur Stelle, wenn die Kinder der Körperbehindertenschule nach Hause oder wieder ins Wohnheim transportiert werden mussten. Viele Aufträge hatte Günter Arndt auch von der Defa. Er brachte Schauspieler wie Angelica Domröse oder Walter Plathe zu den Drehorten, begleitete Filmcrews auch bei längeren Aufenthalten ins Ausland, wie er sich noch gern erinnert. Ungezählt die Touren mit Urlaubern zu oder von einem der Berliner Flugplätze.

Einmal stiegen zwei Männer in sein Taxi, die ihm merkwürdig vorkamen, erzählt Arndt. Nach kurzer Fahrt bedrohten sie ihn, wollten ihn berauben. „Da

Im Elternhaus von Günter Arndt gab es in den 1930-er Jahren noch den Laden des Vaters, der Orthopädie-Schuhmacher war.

habe ich Gas gegeben und dann eine Vollbremsung hingelegt. Ehe die sich aufrappeln konnten, war ich aus dem Auto gesprungen und suchte Hilfe", berichtet er. Die Polizei erwischte die beiden wenig später. Rund ein Jahr musste der Glindower nach einem schweren Unfall im Krankenhaus verbringen, langsam wieder laufen lernen. In Potsdam hatte ihm ein Auto die Vorfahrt genommen.

Als fescher Musiker zog Günter Arndt in den 1950-er Jahren mit der Melodie-Band an den Wochenenden über die Dörfer und spielte zum Tanz.

Nachdem Arndt 1958 sein Taxiunternehmen mit einem sechs Jahre alten Opel Kapitän gegründet hatte, musste er eines seiner Hobbys aufgeben, die Musik. Als Selbständiger fehlte ihm die Zeit, um weiter mit der Melodie-Band über die Dörfer zu ziehen und zum Tanz aufzuspielen. Eigentlich hatten die musikalischen Arndt-Brüder in ihrer Kindheit Klavierunterricht bekommen. Für die Band war Günter autodidaktisch auf Kontrabass, Gitarre und Hawaiigitarre – in den 1950-ern die ganz große Mode – umgestiegen. Bis ins hohe Alter blieb er aber einer anderen Passion treu, dem Filmen. Über Jahrzehnte hat Günter Arndt von nahezu allen privaten und öffentlichen Glindower Ereignissen Filmdokumente gesammelt, digitalisierte sie nach der Wende. Zu den besonders gehüteten Videos zählt das von der Auszeichnung seiner Frau mit der Verdienstmedaille der Bundesrepublik Deutschland im Jahre 1997. Ilse Arndt war geehrt worden, weil sie über viele Jahre in ihrer Freizeit Pflegebedürftige im Potsdamer Emmaus-Heim betreut hatte.

Seit 55 Jahren sind Ilse und Günter Arndt verheiratet. Die damals 17-jährige Geltowerin, die gerade ihre Lehre bei der Mitropa beendet hatte und in der Bahnhofswirtschaft in Werder aushalf, muss mächtig Eindruck auf den jungen Taxiunternehmer gemacht haben. „Er wollte am liebsten gleich an meinem 18. Geburtstag heiraten", erzählt Ilse Arndt lachend. „Naja, die Hochzeit war dann zwei Wochen später." Sofort wurde die junge Ehefrau für die Fahrschule angemeldet, erwarb nach dem Führerschein auch den Taxischein. Verschmitzt lächelnd fügt ihr Mann hinzu: „Ich brauchte sie doch als Fahrerin." Rund 40 Jahre lang waren die beiden in ihren Taxis auf Tour. Zu weiten Urlaubsreisen konnte Günter Arndt seine Frau hingegen nur schwer überreden. „Wir waren ja ständig beruflich unterwegs, da wollte ich lieber die Ruhe zu Hause genießen, im Garten oder auf dem Boot", erinnert sie sich.

Ein Foto, viel Leben

Helmut Gauert (Juni 2017)

Helmut Gauert

Beim Schwatz am Gartenzaun zeigte mir unser Nachbar vor einiger Zeit ein sehr altes Foto. Eine Obstbauernfamilie hat sich für den Fotografen vor einem großen Kirschbaum aufgestellt. Vorn Großeltern und Eltern, auf der Anlegeleiter dahinter die drei halbwüchsigen Söhne und die fast erwachsene Tochter. Dazwischen ein Blondschopf von vier oder fünf Jahren. „Das bin ich", lacht der Nachbar. "Ich war ein Nachkömmling." Es ist die Familie Gauert aus Plötzin, die vor etwa 85 Jahren vor der Kamera posierte. Der Mann mit dem großen Fotokasten muss den kleinen Helmut seinerzeit mächtig fasziniert haben, denn bis heute hat der fast Neunzigjährige die Situation vor Augen. „Als sein Kopf unter dem schwarzen Tuch verschwand, mussten wir ganz stillhalten", erzählt er. Außer dem Jüngsten tragen alle Familienmitglieder Pflückekörbe. Es war offenbar Erntezeit. Das Foto blieb mir im Gedächtnis haften. Und oft, wenn Nachbar Gauert im Garten werkelte, kamen wir wieder auf seine Familie und den Alltag auf dem Obstbauernhof seiner Kinderjahre zu sprechen.

Sieben Morgen Obstland zwischen Plötzin und Glindow hatte die Familie. Später pachtete der Vater noch zwei Morgen für Erdbeeren dazu. Auf drei Morgen wurden Kartoffeln, Hafer und Roggen angebaut. Und es gab eine Wiese am Plessower See, entsinnt sich Helmut Gauert. Mit der Kirschernte verbinden sich für ihn viele Erinnerungen. Ganz früh am Morgen ging es los. Auch wenn Ernst, Walter und Fritz, die großen Söhne, am Samstagabend zum Tanz unterwegs gewesen waren, am Sonntagmorgen um 4 Uhr war die Nacht zu Ende. Da kannte der Vater kein Pardon. Mittags sollten die frischen Früchte in der Aufkaufstelle abgeliefert werden. Für besonders ordentlich gepackte Körbe gab es fünf Pfennige mehr. Mutter und Schwester hatten ein Händchen dafür, sortierten die Kirschen so, dass alle Stiele unsichtbar wurden und oben im Korb eine ebenmäßige Fläche aus Kirschrundungen zu sehen war. Mit einer weißen Papiermanschette wurden diese Körbe zusätzlich aufgehübscht.

Mit der selbstgeschmiedeten Schuffel bekämpft Helmut Gauert noch immer das Unkraut in seinem Garten.

Das Foto, mit dem alles ins Rollen kam: die Plötziner Familie Gauert vor ungefähr 85 Jahren. Vorn Eltern und Großeltern, hinten die Kinder. Helmut, der jüngste Sohn, zwischen den großen Geschwistern kaum zu sehen, war damals gerade vier oder fünf Jahre alt.

Die Aufkäuferin in Plötzin, eine Schwester des Werderaner Obsthändlers Knape, hatte ein strenges Auge auf die Qualität der Früchte, weiß Gauert noch heute. Er habe als Kind erlebt, dass sie einen Obstbauern, in dessen Ware sie eine faule Frucht

Das Erdbeerpflücken liebte Helmut (rechts) nicht so sehr. Da war er sogar froh, wenn der Vater ihn an die Schulaufgaben schickte.

fand, mit seiner gesamten Ernte nach Hause schickte. „Uns ist das zum Glück nie passiert." Da er von ihr zum Geburtstag mehrfach Schokolade bekam, sind seine Erinnerungen an die Obstaufkäuferin eher angenehm.

Mehrere Kirschsorten gab es auf dem Gauertschen Obstacker. Das war wichtig wegen der unterschiedlichen Reifezeiten. Die Kassinsche, Schmarfelder, Liefelder, Knaufsche, Doktorkirsche und verschiedene Knupper zählt Helmut Gauert noch aus dem Gedächtnis auf. „Anders als heute waren unsere Kirschbäume groß mit dicken Stämmen und mächtigen Kronen", schildert er. Im Schatten darunter habe man nicht viel anbauen können. Deshalb säte der Vater dort zwei lange Reihen Veilchen. Die kleinen duftenden Blumen waren im Frühling so etwas wie die erste Ernte. Sie wurden in eine Kiepe gepflückt und dann zu Hause auf dem Küchentisch sortiert. Die Blütenstängelchen abzählen konnte auch der kleine Helmut schon. Die Schwester vervollständigte sie dann mit Blättern zu hübschen Sträußchen, die sich gut verkauften.

An Goldparmäne, Hasenkopf, Boskop, den Weihnachtsapfel Krummstiel, den Eisenapfel, der wie lackiert glänzte, wenn man ihn mit einem Tuch abrieb, erinnert sich der Obstbauernsohn. Am lebhaftesten sind ihm jedoch die Ananasäpfel im Gedächtnis geblieben, die immer in einer kleinen Kammer gelagert wurden. Ihr Duft verbreitete sich so wunderbar im ganzen Haus. Viele dieser Apfelsorten kenne heute keiner mehr, bedauert er. Kurz vor Weihnachten kam der Händler, der die Äpfel abholte. Doch Winterruhe gab es nicht wirklich auf dem Obstbauernhof. War der Boden nicht gefroren, wurde rigolt, also der Boden extrem tief aufgelockert. Dafür bestellte der Vater bei Bauern Kuhmist. Beim Förster in Kammerode kaufte er Holz zum Heizen, das dann gesägt, gehackt und an der Hauswand gestapelt werden musste. Im Winter wurden auch die beiden Schweine geschlachtet, eins vor und eins nach Weihnachten. Ein Pferd, zwei Schweine, eine Ziege, Kaninchen, Hühner und Enten waren täglich zu versorgen. „Arbeit gab es immer für die ganze Familie, aber reich sind wir nicht geworden", resümiert Helmut Gauert. „Es hat immer gerade so gereicht, um über die Runden zu kommen." Manchmal habe das Wetter für schmerzhafte Verluste gesorgt, etwa durch Spätfröste. Einmal hatte es tagelang geregnet als die Kirschen reif waren. Die Früchte waren am Baum verschimmelt. Mit einem Knüppel habe der Vater sie abgeschlagen.

Der „Federwagen" taucht immer wieder in den Erzählungen auf. Das war ein Pferdewagen mit besonders guter Federung. Damit ließ sich Obst schonend transportieren. „Für den Pfingstausflug wurde eine Bank hinten auf den Wagen gestellt. Dort saßen dann die Großeltern", erinnert sich Gauert. Die Fahrt ging durch das eigene Obstland und auch an den Flächen der Nachbarn vorbei. Da gab es eine Menge zu gucken und zu vergleichen.

Aus Helmut Gauert wurde kein Obstbauer, er erlernte den Beruf eines Werkzeugmachers im Reichsbahn-Ausbesserungswerk Potsdam. Jedoch kurz vor Abschluss der Lehre musste er zum Arbeitsdienst einrücken. Wenig später ging es an die Front, die schon beinahe an die Oder herangerückt war. Noch nicht einmal 18-jährig erlebte er den Kessel von Halbe. Als er 1947 aus der Kriegsgefangenschaft heim kam, war die Mutter überglücklich, ihren Sohn in den Arm nehmen zu können. Den einzigen, der ihr geblieben war. Ernst, Walter und Fritz, seine drei älteren Brüder, hatten irgendwo in Russland, in Rumänien und an der Oder den Tod gefunden.

In Glindow verbrachte Helmut Gauert die längste Strecke seines Lebensweges. Jahrzehntelang arbeitete er im Schaltgerätewerk Werder, seine Frau Lieselotte in der gärtnerischen Produktionsgenossenschaft. Drei Kinder zog das Paar in der Bliesendorfer Straße groß, im früheren Haus der Schwiegereltern, bewirtschaftete außerdem noch ein großes Gartengrundstück. 2015 feierten Lieselotte und Helmut Gauert ihre Eiserne Hochzeit. Im Februar 2017 verstarb Lieselotte Gauert 90-jährig. Die älteste Tochter Angelika, der Schwiegersohn und auch die beiden Enkelinnen kümmern sich liebevoll um den Opa, der noch immer seinen Garten hinterm Haus selbst bestellt. Seine Erdbeeren, Zwiebeln und Kartoffeln stehen wie eine Eins. Das steckt wahrscheinlich in den Genen, wenn man als Obstbauernsohn aufwächst.

Am Herzschlag der Glindower

Dr. Gudrun Wendel (Juli 2017)

Als die promovierte Ärztin Gudrun Wendel im Sommer 1992 ihre Praxis in der Glindower Friedrichstraße öffnete, standen keine Patienten Schlange. „Ich kannte hier niemanden und keiner kannte mich", erinnert sie sich. Es gab eine Sprechstundenhilfe, aber hinter dem Empfangstresen half zunächst Ehemann Wilfried aus. Mit der Ruhe war es bald vorbei. Ein Vierteljahrhundert lauschte die Ärztin dann im wahrsten Sinne des Wortes mit ihrem Stethoskop dem Herzschlag hunderter Glindower. Im Sommer 2017 gab sie ihre Zulassung zurück und ging in den Ruhestand. Einen ganzen Korb voller Karten und Briefe mit sehr persönlichen und herzlichen Abschiedswünschen von Patienten nahm sie mit.

Dr. Gudrun Wendel

Noch fühle sie sich ein bisschen wie im Urlaub, gibt die 66-Jährige nach ihren ersten freien Tagen zu. Aber sie hat für den Rentneralltag schon konkrete Pläne. Die Gegend rund um Glindow kenne sie eigentlich nur von den Fahrten zu ihren Patienten, sagt die gebürtige Chemnitzerin. Da gebe es für sie noch viel zu entdecken, denn es sei ja eine Landschaft, in der andere Urlaub machen. Und auf mehr Zeit für die Enkelkinder freut sie sich. Das dritte ist gerade unterwegs. Jetzt kann sie sich die Zeit nehmen, die Tochter, die es nach Stuttgart verschlagen hat, in dieser Phase zu unterstützen. Der Sohn lebt glücklicherweise ganz in der Nähe, in Potsdam. Für den Garten fehle ihr wahrscheinlich der grüne Daumen, schätzt Gudrun Wendel. Mit dem beschäftigt sich ihr Mann intensiver, seit er im Januar Rentner wurde.

Ein bisschen Wehmut klingt durch, wenn Gudrun Wendel von ihrer Zeit als Ärztin in Glindow erzählt, etwa von dem fast familiären Verhältnis zu den beiden Sprechstundenhilfen Heike und Annett. Sie haben nicht nur miteinander gearbeitet, sondern auch gemeinsam einiges unternommen. Als die Praxis 20 Jahre alt wurde, feierten sie das mit einer kleinen Aida-Kreuzfahrt. Drei schöne Tage in Bad Schandau gönnten sie sich zum Abschied. Da eine andere Ärztin vorerst die Praxis im Haus der Wendels weiterführt und auch beide Schwestern übernahm, werden sie sich nicht so schnell aus den Augen verlieren.

Dr. Gudrun Wendel 1992. Damals hatte sie ihre Praxis in Glindow gerade eröffnet.

Als das Ehepaar Wendel Anfang der 1990-er Jahre auf einem Rhabarberfeld sein Haus zu bauen begann, planten beide noch, es samt Praxis zu verkaufen und fortzuziehen, wenn sie einmal Rentner sind. Davon wollen sie heute nichts mehr wissen. Auch wenn die Glindower ein besonderes Völkchen seien, etwas reserviert und schlecht auf die Werderaner zu sprechen, sie habe diesen Ort lieb gewonnen, sagt die Medizinerin. Unter anderem wegen der wunderbaren Nachbarn. Nach so vielen Jahren als Hausärztin ist sie im Ort bekannt wie ein bunter Hund. Noch müsse sie viel Zeit einplanen, wenn sie einkaufen geht, erzählt Dr. Wendel, denn ständig trifft sie ehemalige Patienten, die sie ansprechen.

Der Altersdurchschnitt in ihrer Patientenkartei sei zuletzt ziemlich hoch gewesen. „Die Glindower sind mit uns alt geworden", stellt sie lächelnd fest. Die große Zahl Hochbetagter habe sicher damit zu tun, dass sie so lange wie möglich in ihren Gärten aktiv sind, also reichlich Bewegung an frischer Luft haben. Dass dabei auch mal jemand sein Alter vergisst und sich übernimmt, merkte sie dann in der Sprechstunde.

In ihren frühen Berufsjahren als Internistin im Potsdamer Bezirkskrankenhaus sei die Medizin zwar nicht so hochtechnisiert gewesen, aber mehr dem Menschen zugewandt, resümiert die Ärztin. „Ich habe mich auch in der eigenen Praxis immer bemüht, den ganzen Menschen zu sehen, nicht nur die Diagnose oder gar die Abrechnung. Auch die Sorgen und Probleme. Dadurch ergaben sich trotz Bestellsystems mitunter längere Wartezeiten für die Patienten." Da Hausbesuche sie auch nach Werder, Bliesendorf, Kammerode oder Elisabethhöhe führten, dauerten ihre Arbeitstage nicht selten zehn bis zwölf Stunden. „Dafür war meine Familie stets mit ausgezeichneter Marmelade versorgt, die ich geschenkt bekam", lacht sie. „Nun muss ich wohl noch das Marmeladekochen lernen."

Wohnung und Praxis unter einem Dach zu haben empfand Gudrun Wendel als Glücksfall. Da konnte sie in der Pause oben mal schnell nach den Kindern schauen oder sich abends unten noch ein Stündchen dem Bürokram widmen. Andererseits hatte sie nur wirklich Urlaub, wenn sie verreiste. Langjährig bevorzugtes Ziel der Familie: die Baleareninsel Menorca.

Sie waren mehr als 20 Jahre lang eine tolles Team: Dr. Gudrun Wendel sowie ihre beiden Sprechstunden-schwestern Heike und Annett.

Und plötzlich kamen die Gurken aus Holland...

Marlies Frohloff (Oktober 2017)

Marlies Frohloff

„Ich bin in Glindow geboren und aufgewachsen. Hier habe ich geheiratet und meine Kinder großgezogen. Glindow ist mein Zuhause, der Platz an den ich gehöre und an dem ich auch irgendwann einmal sterben möchte", fasst Marlies Frohloff die Beziehung zu ihrem Heimatort zusammen. Und immer schon war die heute 67-Jährige auf verschiedene Art eingebunden in das örtliche Leben. Mit 16 wurde sie Tänzerin der Prinzengarde im Carnevalclub. Später trainierte sie die Truppe. Obwohl sie sich nicht für einen besonders politischen Menschen hält, saß sie acht Jahre lang im Ortsbeirat. Bis ihr im vergangenen Jahr eine ernsthafte Erkrankung Stopp gebot.

„Wenn ich eine Aufgabe übernehme, dann möchte ich sie hundertprozentig ausfüllen. Das ging nicht mehr", sagt sie. Gesundheitlich hat sie sich zum Glück wieder gefangen. Auch ohne das Mandat kümmert sie sich weiter um die Seniorenarbeit, hilft in der Volkssolidarität mit. „Darüber, dass ich vor ein paar Jahren zum Heimatverein fand, bin ich wirklich froh", verrät sie. „Die meisten älteren Glindower kenne ich von klein auf. Ich höre ihnen gerne zu, finde ihre Lebensgeschichten so interessant." Über den Heimatverein kam sie auch in den Ortschronistenverband von Potsdam-Mittelmark, sah, wie in anderen Dörfern Geschichte bewahrt wird. Auch im Vorstand der Jahnschen Stiftung redet sie ein Wörtchen mit. Lernen musste Marlies Frohloff in den letzten Jahren, von Zeit zu Zeit innezuhalten und auf die Signale ihres Körpers zu hören.

Sie habe in ihrer Jugend Koch gelernt im Potsdamer „Klosterkeller", erzählt Marlies Frohloff. Koch sagt sie, nicht Köchin. „Das hieß damals so und ich hatte nie ein Problem damit." Eigentlich wäre sie lieber Bäcker und Konditor geworden. Das habe die Mutter ihr ausgeredet wegen des frühen Aufstehens. Dabei konnte sie schon mit 13 Jahren einen tollen Frankfurter Kranz backen, gerne auch für Nachbarn und Freunde. Die Nachteile des Kochberufs merkte sie spätestens nach der Geburt von Sohn Stephan. Schichtarbeit mit einem Kleinkind, das erwies sich als schwierig. Zudem war der Kleine häufig krank. Sie fand Arbeit in der Jugendmode-Zentrale auf der Bismarckhöhe, später in der Tonwarenfabrik (heute Neue Ziegel-Manufaktur) und in der Schulküche Glindow. Tochter Jenny wurde 1980 geboren. Nebenher bewirtschaftete die Familie noch einen Riesengarten, lieferte Obst und Gemüse in der Sammelstelle ab. Das war einträglich, machte aber auch richtig Arbeit. So entschied Marlies

Das Team der Fleischerei Frohloff im Jahr 1997: Marlies und Wolfgang Frohloff, Liane Barnickel, Cindy Lerche und Doris Jordan (von rechts).

Frohloff 1987, sich nur noch dem Anbau von Obst und Gemüse zu widmen. Ihre Spezialität: Salatgurken.

Das Wendejahr 1990 brachte für Marlies Frohloff alles aus dem Rhythmus. Einheimische Salatgurken waren plötzlich nicht mehr gefragt, die kamen jetzt spottbillig aus Holland oder Spanien. Notgedrungen fuhr die Glindowerin mit den Produkten ihrer Arbeit auf Berliner Märkte. Als die Gartensaison im Herbst zu Ende ging, war unklar, wie es für sie weitergehen sollte. Inzwischen suchten schon viele Menschen nach einem neuen Job, weil mancher Betrieb geschlossen worden war. Unter dem Dach der Familie an der Klaistower Straße hatte es bereits 1928 eine Fleischerei gegeben, gegründet vom Großvater ihres Mannes Wolfgang. Der Sohn, der sie fortführen sollte, war im Zweiten Weltkrieg gefallen. So wurde der dazugehörige Laden nach dem Krieg vermietet. Zuletzt an den Konsum, der dort eine Fleisch- und Wurstverkaufsstelle betrieb. Nun war das Geschäft leer. „Öffne den Laden wieder als private Fleischerei", riet Wolfgang Frohloff seiner Frau. An der Entscheidung hatte sie zu knabbern.

Im März des folgenden Jahres stand Marlies Frohloff dann doch hinter dem Verkaufstresen ihres Eine-Frau-Unternehmens. Ein Jahr später stieg ihr Mann mit ein, denn auch im Konsum-Fleischereibetrieb Potsdam, den er geleitet hatte, waren die Lichter ausgegangen. Mutig wagten die beiden noch eine große Investition, erweiterten das Haus mit einem Anbau. Der vergrößerte Laden bekam schicke neue Fliesen. Dass wenig später noch ein Partyservice und ein Imbiss dazukamen, habe sich irgendwie ergeben, erinnert sich Marlies Frohloff. Eigentlich hatte sie nur für die Feier einer Freundin kalte Platten angefertigt, das löste immer neue Nachfragen aus. Anlass, eine Küche für die Imbissversorgung einzurichten, waren dann Arbeiten an der Autobahn. Täglich delegierten die Arbeiter der bayerischen Baufirma einen

1995: Das Haus ist eine Baustelle, der Verkauf von Fleisch und Wurst geht dennoch weiter.

Mann, um Pausenverpflegung zu beschaffen. Der fragte vor allem nach warmen Würstchen, Bouletten oder Schnitzeln. Drei Jahre lang belieferten die Frohloffs dann auch zwei Seniorenheime in Glindow und Saarmund täglich mit Mittagessen. Das hieß Arbeit für sieben Tage in der Woche. „Ich wusste bis dahin gar nicht, was alles in mir steckt", erinnert sich die 67-Jährige heute lachend. „Die Vielfalt des Kochens, die Zubereitungsarten, die neuen Möglichkeiten des Garens, die Gewürze, die nach der Wende verfügbar waren..." Und sie habe das Gefühl gehabt, dass nichts sie umwerfen könnte. Bis die Diagnose Krebs in ihr Leben trat.

Heute, vier Jahre nachdem sie und ihr Mann sich zur Ruhe gesetzt haben, genießt Marlies Frohloff es, sich ohne Zeitdruck mit ihren alten Schulfreundinnen treffen zu können. Der Garten in der Nähe des Springesees ist Erholungsoase. Das Ehepaar verbringt den ganzen Sommer dort. Im Hof stehen Blumenkübel: Yucca, Schönmalven, Blutblume und Oleander. Sie überwintern im ehemaligen Laden, in dessen Mitte ein langer Tisch steht. Weihnachten, wenn Kinder und Enkel zu Besuch kommen, wird dort im Grünen gegessen. Das Fotografieren ist für Marlies Frohloff zum Hobby geworden. Blumen, schöne Landschaften und der Himmel in all seinen Farben und Wolkenformen sind ihre liebsten Motive. Ein neues, sogar allerliebstes Motiv kam im Sommer 2017 dazu: Urenkelin Elena, genannt Elli. Einmal in der Woche fährt die glückliche Uroma nach Potsdam, um ein paar Stunden mit der Kleinen zu genießen und die Enkeltochter ein wenig zu entlasten.

Picknick in London

Ingrid Baitz (November 2017)

Wenn das laufende Schuljahr im Sommer 2018 endet, wird Ingrid Baitz Abschied nehmen von der Glindower Schule, in der sie selbst einst lesen, schreiben und noch viel mehr lernte und in der sie dann lange 44 Jahre als Lehrerin arbeitete. Lehrerin, einen anderen Beruf kann sie sich bis heute nicht für sich vorstellen. Schon im 2. Schuljahr wusste die Obstzüchtertochter genau, dass sie einmal dort vorn vor einer Klasse stehen wollte. „Wahrscheinlich, weil ich selbst tolle Lehrer hatte, solche wie Herrn Dr. Gienow, der Russisch, Englisch und Erdkunde unterrichtete und an unserer polytechnischen Oberschule ein

Ingrid Baitz

Sprachkabinett einrichtete, als andere noch davon träumten", erinnert sie sich. Eingeschult wurde die kleine Ingrid 1960 noch in die alte Dorfschule neben dem Lehrerhaus. Dort, wo sich heute die Tierarztpraxis und die Radlerherberge befinden. Als im Jahr drauf die neue Schule in der Alten Straße fertig war, eine zehnklassige polytechnische Oberschule, wurde die alte geschlossen. Heute dient das Gebäude der ehemaligen POS als Hort der Grundschule, die durch einen Erweiterungsbau Ende der 90-er Jahre entstand.

Ingrid Baitz studierte vier Jahre lang am Lehrerbildungsinstitut Potsdam, wurde Unterstufenlehrerin für Deutsch, Mathematik und Werkunterricht. Natürlich in Glindow. „Wenn es Probleme gab, dann nie mit den Kindern, höchstens mit überfürsorglichen Eltern", sagt sie rückblickend. Nach der Wende suchte man händeringend Englischlehrer. Ingrid Baitz besuchte zunächst einige Intensiv-Sprachkurse, entschloss sich dann zu einem Zusatzstudium an der Universität Potsdam. Drei Jahre lang drückte sie neben ihrer Arbeit noch einmal die Schulbank, bis sie 1998 ein Lehramt für die Fremdsprache Englisch erhielt. Bis zur 10. Klasse kann sie damit unterrichten. Die britische Monarchie, Heinrich VIII. sowie die Kelten zählten zu ihren Prüfungsthemen. Zu dem Zeitpunkt war sie schon mehrfach nach Großbritannien gereist. Ihr Interesse für den Inselstaat und dessen Königsfamilie hatte lange vorher begonnen, mit dem Roman „Stirb, du Narr" von Karl Zuchardt, den sie 13-jährig las.

Heute kann man Ingrid Baitz wohl mit Fug und Recht eine Expertin auf diesem Gebiet nennen. Sie unterrichtet nicht nur die englische Sprache in der Schule sowie in Kursen, die sie in ihrem Privathaus gibt, sie organisierte auch schon Dutzende von Reisen für Grundschüler wie auch Kursteilnehmer bis zu 70 Jahren. Nach England, Wales und Schottland führten diese Touren unter anderem. Dabei legt sie Wert darauf, dass in Familien übernachtet wird. Nicht

Ingrid Baitz inmitten der Mädchen und Jungen ihrer 3. Klasse, die sie noch bis zum Ende des Schuljahres begleiten wird.

allein, weil es preiswerter ist, sondern, weil man nur so einen kleinen Einblick in den Alltag dort bekommt. Wer wissen möchte, wo die Queen die Weihnachtsfeiertage verbringt, Prinz Charles seine Bio-Landwirtschaft betreibt oder die junge Familie von Prinz William zu Hause ist, Misses Baitz hat gewiss schon einmal vor der Pforte dazu gestanden. Und ihre Begeisterung ist höchst ansteckend. Dass sie als eine von vier Deutschen, die im Sinne der englisch-deutschen Freundschaft unterwegs sind, 2015 zur Gartenparty des britischen Botschafters in Berlin eingeladen wurde, bescherte ihr nicht nur viel mediale Aufmerksamkeit, sondern erfüllte sie auch mit Stolz. Das Foto mit der Queen, der sie dort begegnete, hat einen Ehrenplatz im Hause Baitz.

Seit vier Jahren besucht Ingrid Baitz mit einer Freundin immer die Last Night of the Proms in der Royal Albert Hall von London. In dem international bunt gemischten Völkchen der Kartenschlange entstanden zahlreiche Freundschaften, die übers Jahr per Internet gepflegt werden. Auf den Stufen der Konzerthalle trifft man sich dann vor dem Konzert im September zum Picknick wieder. Bei japanischen, italienischen, russischen und deutschen Spezialitäten, die jeder aus seinem Land mitbringt.

Vier Kinder wuchsen unter dem Dach der Familie Baitz in Glindow auf. Als die beiden Söhne aus dem Gröbsten heraus waren, hätte das Ehepaar gerne ein Mädchen adoptiert. Das wollte und wollte nicht klappen. Stattdessen schlug man den Baitz' Anfang der 1990-er Jahre vor, ein Pflegekind aufzunehmen. Es wurde ein verwaistes Geschwisterpaar, 9- und 13-jährig, das sich an einem Adventwochenende 1992 vorstellte. Zwei Kinder, die einen Rucksack trauriger

Erfahrungen und Defizite mit sich herumtrugen. Damals war es Ehemann Thomas, der den Mut aufbrachte zu sagen: „Wir schaffen das!". Heute resümiert Ingrid Baitz froh: „Aus beiden ist etwas geworden, sie haben einen Beruf erlernt, stehen längst auf eigenen Beinen." Vier Enkel hat das Ehepaar mittlerweile von den eigenen wie auch den Pflegekin-

In fröhlicher Runde wird vor der Royal Albert Hall gegessen, getrunken und geschwatzt.

dern, und bis auf den Ältesten der Baitz-Söhne, der mit seiner Familie in der Schweiz lebt, sind alle in der Nähe geblieben.

Als Anfang 1994 in Glindow ein Heimatverein gegründet wurde, gehörte Ingrid Baitz zu den Initiatoren. Sie liebt das Ländliche hier, Garten und Pflanzen, und sie kennt Hinz und Kunz im Ort. Dass sie die erste Zusammenkunft dann als Vereinsvorsitzende verließ, war nicht geplant. Damals stand das Häuschen Am Kietz 3, das Anneliese Koch der Gemeinde mit der Auflage vererbt hatte, daraus eine Heimatstube zu machen, seit vier Jahren leer und verwahrloste. Um es zu retten, musste Geld aufgetrieben werden. Das Beantragen von Fördermitteln für die Sanierung war die erste und schwierigste Aufgabe der Vereinschefin. Es brauchte drei Jahre, bis die Finanzierung stand. Zum Glück arbeiteten die Bauarbeiter danach zügig, so dass noch 1997 das Heimatmuseum eingerichtet und eröffnet werden konnte. „Damit verfügte Glindow nach Ziegeleimuseum und Zweiradmuseum nun über drei Museen. Ich war richtig stolz", erinnert sich Ingrid Baitz. „Und wir hatten von Anfang an ein tolles Team im Verein." Ihr Beruf als Lehrerin, das Zusatzstudium, die sechsköpfige Familie und nun noch der Heimatverein: Sie spürte die Grenzen ihrer Belastbarkeit. Bei einer Kur im Schwarzwald bekam sie unmissverständlich gesagt, dass sie ihrer Gesundheit zuliebe irgendwo loslassen müsse. Der Heimatverein und das Museum hatten laufen gelernt. Guten Gewissens konnte sie den Vorsitz weiterreichen.

Dem einzigen Auto liefen die Kinder nach

Herbert Gruhn (Dezember 2017)

Herbert Gruhn

Spricht man mit Herbert Gruhn über seinen Heimatort Glindow, über Freunde oder Nachbarn aus früheren Zeiten, so erfährt man nicht nur eine Menge darüber, welche Familie in welchem Haus wohnte oder wie die verwandtschaftlichen Verquickungen waren. Nein, der 93-Jährige kennt noch eine weitere Dimension: Er kann zumeist auch sagen, wo genau dieser oder jener auf dem Friedhof seine letzte Ruhe gefunden hat. So ist das vielleicht, wenn man ein hohes Alter erreicht hat und sich schon von vielen Weggefährten verabschieden musste.

Im Kietz, im Schatten des Kirchturms, wurde er 1924 geboren. In einem Haus, das damals noch ein Schilfdach hatte, erinnert er sich. Das Nachbarhaus ist heute das Heimatmuseum. Zur Glindower Kirche hat Herbert Gruhn eine enge Beziehung. In dem Gotteshaus wurde er getauft und konfirmiert, feierte die goldene und diamantene Konfirmation. Nachdem er 1989 Rentner geworden war, widmete er sich gemeinsam mit seinem alten Freund Alfred Freese zahlreichen Reparaturarbeiten an dem 1853 geweihten Sakralbau. Fünfzehn Jahre lang stieg er regelmäßig hinauf in den Turm, um die Uhr aufzuziehen. Einen gottgläubigen Menschen nennt Gruhn sich selbst. Er ist überzeugt, dass er den zweiten Weltkrieg trotz schwerer Verwundungen nur überlebte, weil der Herrgott ihn beschützte.

Überwiegend bei den Großeltern mütterlicherseits wuchs der Junge auf. Zwischen dem eher kommunistisch gesinnten Großvater und dem Vater, der glühender Nazi war, krachte es häufig. In der alten Schule in der Luise-Jahn-Straße saß Herbert anfangs noch mit zwei, drei Klassenstufen in einem Raum. Mit dem Griffel auf der Schiefertafel lernte er schreiben. Seine anschließende Schlosserlehre konnte Gruhn nicht beenden. Er wurde vorher zum Arbeitsdienst eingezogen. „Die Lehre könnt ihr später abschließen", sagte man den jungen Leuten damals. Vom Arbeitsdienst auf einem Militärflugplatz nahe Leningrad ging es nahtlos in die Soldatenuniform und an die Ostfront. Für Herbert Gruhn war es ein Riesenglück, dass er es kurz vor Ende des Krieges lebensbedrohlich verletzt noch in das Lazarett auf der Bismarckhöhe von Werder schaffte. Sobald er einigermaßen genesen war, nahm der Großvater den Zwanzigjährigen unter seine Fittiche und bewahrte ihn so vor der Kriegsgefangenschaft. „In

Gefangenschaft hätte ich in meinem Zustand wahrscheinlich nicht überlebt", ist sich Herbert Gruhn sicher. Später wurden ihm im Glindower Krankenhaus von Doktor Walther bei mehreren Operationen noch zahlreiche Geschosssplitter entfernt. Es brauchte lange, bis der junge Mann sich so weit erholt hatte, dass er wieder arbeiten konnte.

Erika und Herbert Gruhn sind seit 47 Jahren verheiratet.

Zunächst in der Ziegelei, später in Potsdam bei der Bau-Union, die dann in das Bau- und Montage-Kombinat Ost überging. Schlosser, Baggerführer und Ausbilder war er, machte seinen Abschluss zum Meister. Während der letzten Berufsjahre war sein Platz in der Bauaufsicht.

Glindow habe sich seit seiner Jugend sehr verändert, sinniert Herbert Gruhn. „Früher war es ein richtiges Dorf. Jeder kannte jeden. Viele waren miteinander verwandt oder verschwägert", erinnert er sich. „Es gab drei richtige Bauern mit Schweinen, Rindern und Ackerland. Bauer Kühn in der Dorfstraße hatte vier Pferde genau wie Bauer Insel im Kietz. Damit galten sie als große Bauern. Bauer Häberer, Nachbar von Bauer Kühn, hatte nur zwei Pferde, war

Ungeachtet seiner 93 Jahre ist Herbert Gruhn noch häufig mit dem Fahrrad in Glindow unterwegs.

also nicht ganz so wohlhabend." Von den Obstzüchtern hätten einige sogar Knechte und Mägde gehabt, die im Winter arbeitslos wurden oder bei magerer Bezahlung auf dem Hof bleiben durften, erzählt Gruhn. Obstanbau als Nebenerwerb betrieben viele. So wie Gruhns Großvater, der im Sommer als Maurer in Berlin und im Winter als Fischer in Werder Geld verdiente. Da mussten dann bei der Ernte alle mit anpacken, auch der Enkel.

„Um 1930 gab es ein einziges Auto in Glindow", erzählt Gruhn. „Der Opel gehörte Doktor Pahl, einem Arzt im Krankenhaus am See, und wurde von dessen Chauffeur Freudenfeld gefahren." So ist es Herbert Gruhn im Gedächtnis geblieben. „Wenn das Auto auftauchte, liefen wir Kinder neugierig hin, um es anzugucken." Auch an den Nachtwächter Nebert, der abends die Lampen entzündete, erinnert er sich. Dort, wo sich heute das Anglerheim und „Kleines Seerestaurant" befinden, legten früher die Kähne an, die Ware für den Kohlenhändler im Kietz brachten. „Wir haben als Kinder an der Stelle gebadet und fanden beim Tauchen manches Kohlestück, das wir mit nach Hause nahmen", weiß Gruhn noch. Der Papierwarenladen von Alwin Grosser an der Ecke Luise-Jahn-Straße hatte eine große Anziehungskraft auf die Glindower Jungs, gab es dort doch die beliebten Schmökerheftchen über Cowboys und Indianer. Aber die kosteten 20 Pfennig. Das war viel Geld. Sechs Bäcker, drei Fleischer und fünf Gaststätten gab es einmal in Glindow, zählen Herbert Gruhn und seine Frau Erika an den Fingern ab. „Und alle hatten ihr Auskommen. Wenn wir inzwischen nicht den Rewe-Markt hätten, sähe es mau aus mit dem Einkaufen im Ort", ist das Ehepaar sich einig.

Fußballspielen wie früher konnte Herbert Gruhn nach dem Krieg mit seinen mühsam verheilten Beinen nicht mehr. So gründete er 1953 gemeinsam mit Günter Arndt und anderen einen Hundesportverein in Werder, Jahre später auch in Glindow. Schäferhunde begleiteten ihn über Jahrzehnte. Er bildete sie aus und fuhr mit ihnen auch zu Wettbewerben. Einige der Pokale hat er aufgehoben. Einen Hund gibt es heute nicht mehr bei den Gruhns, aber seit 22 Jahren Graupapagei Koko. Futternäpfe und Schlafkörbchen im Treppenhaus weisen auf die beiden Katzen hin, die hier zu Hause sind. Eigentlich gehören sie Enkel Thomas. In dessen Haus in der Ziemensstraße sind Erika und Herbert Gruhn vor 18 Jahren gezogen. Denn mit dem Alter war ihnen die Erhaltung ihres Anwesens in der Alpenstraße zu anstrengend geworden.

Solange es die Gesundheit zuließ, erkundeten die Gruhns auf vielen Reisen Deutschland und Europa. Norwegen gefiel ihnen am allerbesten. Für ein Vierteljahr besuchten sie gar Australien, wo seit langem Herbert Gruhns jüngere Schwester mit ihrer Familie lebt. Von so großen Touren haben die beiden sich verabschiedet. In Glindow ist Herbert Gruhn noch häufig mit dem Rad unterwegs, mit dem Auto jedoch nur noch zum Einkaufen. Er denke schon eine Weile darüber nach, sich statt des Autos ein Elektromobil anzuschaffen, verrät der 93-Jährige. Aber für solche Entscheidungen nimmt er sich Zeit.

Herbert Gruhn starb am 23. Juni 2019 im Alter von 94 Jahren.

Zu Märkern geworden

Rosemarie und Werner Dröse (Juli 2018)

Fast alles, was die vergangenen Jahrzehnte ihres gemeinsamen Lebens ausmachte, haben Rosemarie und Werner Dröse von ihrem Küchenfenster aus im Auge. Denn sie wohnen direkt im Zentrum von Glindow. In diesem Dorf, das inzwischen Ortsteil von Werder ist, sind die

Im Sommer 2018 auf Dröses Balkon.

beiden schon so lange zu Hause, dass sie nicht nur viele Leute kennen, sondern auch Baum und Strauch. Hier hatten sie ihre Arbeit, hier leben langjährige Freunde. Sie fühle sich als echte Glindowerin, bekennt die 79-Jährige, auch wenn sie in der Altstadt von Küstrin geboren wurde, was heute auf der polnischen Seite der Oder liegt. Die Erinnerungen daran sind nur noch blass, denn sie war erst sechs, als ihre Familie vor dem Krieg floh und in Glindow strandete. Umso deutlicher hat sie noch ihre Kinderjahre in der Glindower Dr.-Wolf-Straße im Gedächtnis: „Wir waren so viele Kinder in der Nachbarschaft. Da es damals kaum Autos gab, konnten wir auf der Fahrbahn spielen, Treibball, die ganze Straße rauf und runter. Wunderbar." Heute sehe sie nur selten Kinder draußen spielen, sagt sie, und fragt sich, ob die nur zu Hause am Computer hocken.

Werner Dröse grummelt im Hintergrund, er fühle sich nicht als Glindower, da Menschen, die alles zu Geld machen, nicht sein Ding seien. Seine Frau winkt ab: „Er meint die Obstmucker. Das ist doch vorbei." Natürlich hätten zu DDR-Zeiten viele mit dem Obst und Gemüse aus ihren Gärten mehr verdient als in ihrem eigentlichen Job. Aber sie hatten dafür von Frühling bis in den Herbst weder Feierabend noch Wochenende. Man müsse auch die Arbeit sehen, die da drin steckte, findet sie. Inzwischen sind aus manchem großen Garten schon Parzellen für Einfamilienhäuser geworden, Neu-Glindower leben dort. Tomaten, Gurken, Äpfel und Kirschen baut man nur noch für den eigenen Bedarf an. „Glindow war immer ein wohlhabendes Dorf", verrät Rosemarie Dröse. „Das fiel besonders Ende der 1950-er Jahre auf, als es hier wahrscheinlich die größte Dichte an Fernsehgeräten weit und breit gab. Lästerzungen sprachen von Fernsehhausen."

Seit 58 Jahres lebt Werner Dröse in Glindow. Wie sehr auch er inzwischen im märkischen Sand verwurzelt ist, merkt man spätestens, wenn er stolz von dem Konsum-Lebensmittel-Laden erzählt, den er mehr als 20 Jahre leitete. Auf den 63 Quadratmetern gleich gegenüber seiner heutigen Wohnung wurden damals Waren für eine Million Mark im Jahr umgesetzt. Mit

Bilder aus dem Familienalbum: Werner und Rosemarie Dröse in den frühen 1960-er Jahren.

sechseinhalb VBE (Vollbeschäftigteneinheiten), so das Amtsdeutsch seinerzeit. Die Zahlen hat er noch immer im Kopf.

Kindheit und Jugend von Werner Dröse waren von Krieg und Nachkriegszeit schmerzhaft durchgerüttelt worden. Im hinterpommerschen Groß Schwarzsee wuchs er auf einem Bauernhof auf. Bis sich die Front von Osten näherte. Mit einem überdachten Leiterwagen voller Hausrat und Menschen machten die Dröses sich auf den Weg Richtung Westen. Unterwegs gebar die Tante aus Wien, die bei ihnen Schutz vor den Bomben gesucht hatte, im Wagen einen Sohn. Nach Kriegsende kehrte die Familie auf ihren Hof zurück. Doch aus Groß Schwarzsee war inzwischen das polnische Czarne Wielkie geworden, Deutsch hörte man hier nach den Kriegsschrecken nicht gerne. Aber man erinnerte sich, dass Vater Dröse ein Hitler-Anhänger, sogar Mitglied der SA, gewesen war. Eines Tages verhaftete man ihn. Die Familie musste in aller Eile ein paar Sachen einpacken und wurde mit anderen in einem Güterzug über die Oder verfrachtet. In Mecklenburg, wo sie notdürftig Quartier fanden, starben kurz nacheinander Großmutter und Mutter. Der damals elfjährige Werner und seine beiden kleineren Geschwister kamen in ein Kinderheim. Vom Vater hörten sie nie wieder.

Als der junge Fachverkäufer Werner Dröse aus Ueckermünde 1959 Urlaub in der Sächsischen Schweiz machte, begegnete er dort einer jungen Frau aus der Nähe von Potsdam. Gemeinsam hatten sie schon mal den Beruf, sie war Verkäuferin. Sie blieben in Verbindung, besuchten einander. In Ueckermünde, dem Städtchen am Stettiner Haff, sei der Hund begraben, habe Rosi damals gesagt, erinnert sich Dröse. Damit war klar, sollte es mit den beiden etwas Ernstes werden, musste er sich wohl mit ihrem geliebten Glindow anfreunden. Im Jahr drauf zog der junge Mann ins Brandenburgische, 1961 heirateten sie. Noch länger als seine Frau liebt Werner Drose die Jagd. Bereits 1957 bestand er die Jagdeignungsprüfung. Aber das Schießen sei für ihn nicht so wichtig, gesteht er, ihn interessieren mehr die Hege und Pflege.

An seinem Moped hängt immer ein Beutel, in dem er Obst und Gemüse aus dem Garten oder auch Kartoffelschalen und Mais für das Wild sammelt. Jeden Nachmittag findet man ihn im Wald bei Kammerode. Es sei zwar im Sommer nicht nötig zu füttern, aber es ist günstig, wenn sich die Tiere an Futterplätze gewöhnen, erklärt er. „Und im Herbst schieße ich dann auch mal einen Bock", kündigt er an. Dass er sein Schießsoll nie erfüllt, nimmt der Jagdpächter dem 84-Jährigen nicht übel.

Seit die Hitze und Trockenheit des Sommers anhalten schleppt Werner Dröse jeden Abend vier Eimer Wasser über die Straße, um den beiden Kastanien vor der Apotheke Gutes zu tun. Er hat sie vor 40 Jahren selbst gepflanzt. Ursprünglich waren es sogar vier. Eine hat der Wind geknickt, die zweite hat wahrscheinlich bei der Umgestal-

Die Hochzeit von Rosemarie und Werner Dröse 1961.

tung des Platzes Schaden an den Wurzeln genommen und ging ein. Grün und gesund wirken die beiden Bäume. Selbst die Miniermotte konnte ihnen offenbar nicht viel anhaben. „Das ist nicht mein Verdienst. Die Stadt räumt im Herbst das Laub ordentlich weg. Dann können die Schädlinge nicht im Boden überwintern", erklärt Dröse. „Die Kastanien, die ich damals im Wald gesetzt habe, sind schon ziemlich braun. Dort bleiben die Blätter im Herbst liegen!"

Die Wendejahre nach 1990 änderten das Leben des Ehepaars gründlich. Beide waren sie bei der Konsumgenossenschaft angestellt. Rosemarie Dröse hatte als Bereichsleiterin die Verkaufsstellen in 26 Dörfern zu betreuen, darunter auch die ihres Mannes. Doch die Konsumgenossenschaft konnte oder wollte sich den veränderten wirtschaftlichen Bedingungen nicht stellen und kapitulierte. Der Dorfkonsum, meist die einzige Einkaufsmöglichkeit in den kleinen Orten rund um Werder, starb einen schnellen Tod. Arbeitslosigkeit – wie geht man damit um, wenn man vierzig Jahre und mehr im Beruf ist? Schwer, erinnert sie sich. Nervenaufreibend auch die Kämpfe beim Arbeitsamt. 58-jährig wollte man dort Rosemarie Dröse noch in eine Weiterbildung zum Betriebskaufmann drängen. Wozu, fragte sie sich. Sie hatte Abschlüsse als Verkäuferin und Handelskaufmann, dennoch keinen Job, und im Umfeld wurden Arbeitsplätze eigentlich nur abgebaut. Die Situation zehrte zudem an ihrer Gesundheit. Mit 60 konnte sie in die Rente gehen. Vorruhestand hieß es auch für ihren Mann. Er war sich nicht zu schade,

Allabendlich im heißen Sommer 2018 trug Werner Dröse Wasser zu den Kastanien gegenüber.

dann noch stundenweise im ehemaligen Konsum-Kaufhaus von Werder, das einen neuen Betreiber gefunden hatte, Kartons auszupacken und Regale einzuräumen.

Wenn die Dröses im Sommer allmorgendlich in ihren Kleingarten in der Nähe der Glindower Alpen aufbrechen, kommen sie stets an dem Haus in der Dr.-Külz-Straße 82 vorbei, in dem sie gut

30 Jahre gewohnt hatten. Es steht seit 23 Jahren leer, verfällt mehr und mehr. Der Anblick schmerzt sie, denn es ist eigentlich ein schönes Haus und liegt direkt an der vielbefahrenen Straße. „Schon damals regnete es durch", erinnert sich Rosemarie Dröse und fürchtet, dass die Schäden inzwischen immens sind. Die Erbin der alten Besitzerin hatte Anfang der neunziger Jahre große Sanierungspläne, sie drängte die Dröses auszuziehen. Die Wohnung ohne Bad und Innentoilette hätte das Paar lieber heute als morgen verlassen, aber es gab für sie nichts Passendes in Glindow. Und nach Werder, Ferch oder in einen anderen Nachbarort zu ziehen, kam gar nicht in Frage. Weihnachten 1995 feierten sie endlich unter einem neuen und dichten Dach in der Dorfmitte.

Auf Reisen hatten sie sich vor beinahe 60 Jahren kennengelernt, das Reisen lieben sie noch immer. Bis nach Kanada und Südafrika sahen sie sich um in der Welt. Einmal im Jahr besuchen sie den Cousin in Wien, der mehrfacher Weltmeister der Friseure ist, wie Werner Dröse berichtet. In Frühjahr 2018 schipperten sie auf der Aida durchs Mittelmeer.

Etwas anderes als Maler kam nie in Frage

Klaus-Peter Protz (September 2018)

Schon wegen der Eintracht habe er nie aus Glindow fort gewollt, sagt Klaus-Peter Protz. Die Eintracht ist der Fußballverein, in dem der heute 75-Jährige über viele, viele Jahre mit der „3" auf dem Trikot den Raum vor dem Tor verteidigte. Von den Lokalderbys gegen Werder schwärmt er noch immer. „Da kamen bis zu 1500 Zuschauer. Und solange ich spielte haben wir nie gegen Werder verloren", so seine stolze Bilanz. Bis kurz vor seinem 40. Geburtstag stand Protz für die Eintracht auf dem Platz. Die Torwart-Legende Ottomar Raue kannte er noch zu dessen aktiver Zeit, als der auch in der Bezirksauswahl gefragt war. Später trainierte Raue die Glindower Kicker. „Ihm hat der Glindower Fußball viel zu verdanken. Auch wenn es regnete, mit Raue schien immer die Sonne", sagt Klaus-Peter Protz, und die Erinnerung lässt sein Gesicht für

Klaus-Peter Protz

einen Moment strahlen. Natürlich interessiert er sich noch immer für die Ergebnisse der Eintracht-Fußballer, aber er selbst betreibt inzwischen den deutlich ruhigeren Angelsport.

Das gepflegte Haus mit der Aufschrift „Villa Schuth" ist nicht zu übersehen, wenn man die Glindower Dorfstraße passiert. Klaus-Peter Protz' Großvater hat es gebaut. Der Militärdienst hatte den Rheinländer Josef Schuth nach Potsdam gebracht. Die Liebe ließ ihn dann hier Wurzeln schlagen und seinen Malerbetrieb gründen. Als seine Tochter später einen Klempner als Heiratskandidaten präsentierte, kannte er kein Pardon. Schwiegersohn durfte nur werden, wer einmal den Malerbetrieb weiterführen konnte. So blieb dem jungen Klempner Josef Protz keine andere Wahl, als mit Pinsel und Farbe ein zweites Handwerk zu erlernen. Ob die Geschichte seiner Eltern eher romantischer oder praktischer Natur war, weiß Klaus-Peter Protz nicht zu sagen. Die Fakten sind in jedem Fall verbürgt. Er selbst hat nie mit einem anderen Beruf geliebäugelt. Schließlich war er im Malerbetrieb des Vaters aufgewachsen und begann ganz selbstverständlich dort auch seine Ausbildung.

In der Glindower Villa war kein Platz mehr, als Klaus-Peter Protz eine eigene Familie gründete. Notgedrungen wurde er Werderaner. Auch für die Malerfirma, die der Vater ihm 1976 übergab, fanden sich in der Eisenbahnstraße 165 von Werder passende Räume. Anfang 1986 verlor Klaus-Peter Protz seine Frau nach schwerer Krankheit. Sohn Clemens war mit knapp 22

Klaus-Peter Protz (mit der „3") in seiner Jugend als Eintracht-Fußballer.

Jahren gerade erwachsen geworden. Ebenso selbstverständlich wie einst sein Vater hatte auch er das Malerhandwerk erlernt, sollte den Familienbetrieb einmal fortführen. Sein Meisterbrief war noch ganz frisch, als er 26-jährig mit dem Auto tödlich verunglückte. In knappen Worten nur spricht Klaus-Peter Protz über diese schmerzlichen privaten Einschnitte. Es fällt ihm sichtlich schwer, die Erinnerungen daran wach zu rufen.

In seinem ehemaligen Angestellten Roland Haeßler fand Protz einen vertrauenswürdigen Nachfolger, dem er Ende 2003 die Firma übergeben konnte. Bis heute firmiert der Handwerksbetrieb, der in die Eisenbahnstraße 32/33 umzog, unter dem Namen Protz. „Unser Name steht für Qualität", erklärt der Glindower Malermeister selbstbewusst. „Ich wusste, dass Roland Haeßler den Betrieb ordentlich weiterführen wird."

Anfang der 1990-er Jahre lebte in der Glindower Familienvilla nur noch Vater Josef Protz, der inzwischen auf das 80. Lebensjahr zuging. Teile des Hauses waren vermietet. Der betagte Senior brauchte nach dem Tod seiner Frau dringend jemanden, der sich um ihn kümmerte, und den Sohn zog es schon lange wieder heim nach Glindow. So fassten er und seine zweite Frau Maja den Entschluss, die Villa zu renovieren und zu erweitern. Für ihr Einfamilienhaus, das im Hof entstand, musste ein Stall weichen. Fortan wohnten Klaus-Peter Protz und seine Frau Maja Tür an Tür mit dem Vater. Josef Protz feierte 2013 seinen 100. Geburtstag und starb 2015 mit fast 103 Jahren. „Bis ins hohe Alter interessierte Opa sich für technische Dinge und Motoren", erinnert sich Maja Protz. „Wahrscheinlich wäre er auch ein toller Klempner gewesen."

Ein Lieblingsplatz des Ehepaars Protz ist der kleine Wintergarten. Hier genießen beide ihren Kaffee mit Blick ins Grüne, hierher rollt Maja Protz gerne den Hobbytisch mit der Nähmaschine, weil es hell genug ist für ihre kunstvollen Patchworkarbeiten. Seit 32 Jahren sind die beiden nun schon verheiratet. Lange kümmerte sich die Finanzökonomin um die Buchhaltung der Familienfirma. Jetzt im Ruhestand nehmen sie sich Zeit für Hobbys und für Auszeiten im Ferienhaus an der Ostsee. Zingst auf dem Darß sei nicht so überlaufen wie etwa Warnemünde, sagt Klaus-Peter Protz. Er liebt ausgedehnte Spaziergänge am Meer.

Mit 14 Jahren begann er 1957 seine Malerlehre im Familienbetrieb.

Klaus-Peter Protz mit seiner Frau Maja im heimischen Garten.

(Das Ehepaar Protz lebt seit September 2019 aus Altersgründen in einer Einrichtung für be-
treutes Wohnen in Werder.)

Jung gefreit, nie gereut

Erna und Hans-Georg Talke (Dezember 2018)

Erna und Hans Talke im Dezember 2018

Im Dezember 2017 feierten Erna und Hans-Georg Talke diamantene Hochzeit. Ein Foto von diesem Fest gehört zur Bilderwand im Flur ihres Hauses in Glindow. Man sieht die Jubilare inmitten von Kindern und Enkeln. Darüber hängt ein Teller, auf den das Schwarz-Weiß-Foto eines blutjungen Paares übertragen ist. „Damals fing unser gemeinsames Leben an", sagt Erna Talke lächelnd. „Da waren wir noch gar nicht verheiratet." Mit genau den gleichen Worten macht mich Hans Talke wenig später auf den Teller aufmerksam. Angesichts so liebevoller Erinnerungen kann das Ehepaar nicht allzu viel falsch gemacht haben in den gut 60 Jahren, die sie miteinander teilen, denke ich.

Dabei war die Kindheit der beiden vom Krieg und seinen Folgen überschattet. Erna war mit Mutter und Bruder aus dem ostpreußischen Dorf Süßenberg 1946 in den Fläming gelangt. In Mörz unweit von Niemegk bekamen sie eine Bleibe zugewiesen. Der Vater, der Soldat an der Ostfront gewesen war, galt als vermisst. Erst vor wenigen Jahren fand André, der jüngste der Talke-Söhne, über die Kriegsgräber-Fürsorge heraus, dass sein Großvater in einem Kriegsgefangenenlager bei Kursk gestorben war.

Hans Talke mag gar nicht über seine ersten Lebensjahre reden. Er sei als Waisenkind viel herumgeschubst worden, winkt er ab. Schließlich landete er bei einer Pflegefamilie in Glindow. Dass man bei so einer Vorgeschichte möglichst schnell eigenes Geld verdienen und sein Leben selbst bestimmen möchte, ist nicht verwunderlich. In der Glindower Ziegelei fand er nach dem Schulabschluss Arbeit. Eine ziemlich schwere Arbeit für einen 14-, 15-Jährigen, wie er sich erinnert. Deshalb wechselte er nach zwei Jahren zum VEB Vulkanfiber in Werder. Körperlich nicht so hart, aber dafür Drei-Schicht-Betrieb. Erna, damals noch Langwald, arbeitete auf einem Bauernhof in Mörz. Es sei wie eine landwirtschaftliche Lehre gewesen, sagt sie, nur ohne Lehrvertrag. Denn Bauer Rettig durfte nicht ausbilden. Aber das Mädchen besuchte die Berufsschule in Niemegk, lernte neben dem Kochen, Backen und Nähen auf dem Volkseigenen Gut in Schmerwitz auch das Melken. 1953 verschwand der Kutscher der Rettigs über Nacht in Richtung Westen. Damit fielen der 18-jährigen Erna mehr körperlich schwere Arbeiten auf dem Hof zu. Auf der Suche nach einer neuen Stelle gab sie eine Anzeige in der Zeitung auf. Noch am Erscheinungstag stand eine Obstzüchterfrau aus Glindow vor der Tür, die sie sofort mitnehmen wollte. Das Mädchen handelte ein paar Tage Aufschub aus, denn die Mörzer Fastnacht stand bevor.

In Haus und Hof sowie auf dem Acker der Obstbauernfamilie Vaupel in Glindow war sie dann Mädchen für alles. Aber am Wochenende zog es sie in die Tanzgaststätte Bergemann an der Chausseestraße. „Das war dort, wo heute dieser US-Shop drin ist", erklärt sie. Beim Tanz traf sie dann auch den jungen Mann, der die Liebe ihres Lebens werden sollte. Dass die junge Frau bald immer häufiger in dem Zimmerchen zu Gast war,

Das junge Paar im Sommer 1957 gemeinsam mit dem Pflegevater von Hans Talke (links) sowie Ernas Bruder (2. v. l.).

das Hans noch bei seinen Pflegeeltern bewohnte, weckte moralische Bedenken beim Pflegevater. „So etwas" wollte er nicht unter seinem Dach. „Dann müsst ihr schon heiraten", forderte er. Sie waren gerade 18 und 22 Jahre alt, als sie am 20. Dezember 1957 in die Ehe starteten. Mit der ersten eigenen Wohnung – ein Zimmer, Küche und Kammer – war das Glück perfekt. Da hatte sich auch Klaus schon angemeldet, ihr erster Sohn. Geboren im inzwischen legendären Glindower Krankenhaus. Gabi, Heidrun und André sollten folgen. Nach Gabis Geburt hatte die junge Mutter wieder zu arbeiten begonnen, nun wie ihr Mann bei Vulkanfiber. Eine größere Wohnung fanden sie in der Mühlenstraße. Zur Arbeit fuhren sie mit dem Bus. „Die Verbindung war gut, besser als heute. Und die Wochenkarte kostete 1,80 Mark", erinnert sich Erna Talke. „Damals kam man von Glindow auch noch direkt nach Potsdam." Wenn sie heute etwas in Potsdam zu erledigen hat, fährt die 83-Jährige meist mit dem Rad nach Werder und steigt dort in den Bus. Das Umsteigen von Bus zu Bus ist ihr zu umständlich und zu zeitaufwändig.

Im Juli 1990 hatte Erna Talke ihren Chef um eine Woche Urlaub gebeten. Ihr Mann saß mit einem gebrochenen Bein zu Hause und auf den drei Morgen Obstland der Familie waren Kirschen und Beeren zu ernten. Als sie anschließend wieder zur Arbeit erschien, wurde sie mit den Worten empfangen: „Du kannst gleich wieder gehen, der Betrieb wird abgewickelt." Für diesen Abschied nach fast 30 Jahren findet sie noch immer nur ein Kopfschütteln. Die Arbeitslosigkeit traf das Ehepaar hart. Doch zumindest für Hans Talke fand sich nach einem Intermezzo mit ABM (Arbeitsbeschaffungsmaßnahme) bald eine Lösung in der privatisierten Glindower Ziegelei. Die hatte nun ihren Schwerpunkt auf Formsteine verlegt, Spezialanfertigungen in besonderen Größen und Formen, insbesondere für die

In den 1960-er Jahren: Erna Talke mit Tochter Gabi im Tierpark Berlin.

Sanierung historischer Gebäude. Die Paletten mit den gebrannten Steinen aus dem noch warmen Ofen zu holen, war trotz eines modernen Hubwagens noch immer ein anstrengender Job. Aber Hans Talke erinnert sich mit ein wenig Stolz an verschiedene Baustellen, auf denen die Glindower Steine verwendet wurden, eine Kirche in Neustrelitz beispielsweise. Manchmal musste er Reklamationen nachgehen. „Das waren meist Transportschäden. Die Kraftfahrer gingen oft nicht besonders vorsichtig mit den empfindlichen und teuren Steinen um", erinnert er sich.

Als Erna Talke an einem Sommertag 1999 vom Mühlenberg mit dem Rad hinunter ins Dorf fuhr, um Geranien zu kaufen, entdeckte sie auf dem Rückweg am Hoftor eines Hauses in der Ziemensstraße ein Schild: Zu verkaufen. Das Schild war neu, das Haus klein aber äußerlich in gutem Zustand. Das wäre ideal für uns, war sie sich sofort sicher. Die Kinder waren aus dem Haus, die Wohnung nun zu groß. Zudem war sie genervt von dem ständigen Streit mit dem Vermieter, dem man jede Reparatur an dem alten Haus abtrotzen musste. Und schließlich hatten sie ja auch ein bisschen gespart. Welch ein Glück, dass sie ihren Hans auf der Stelle dorthin schleppte, als der von der Arbeit kam. So waren sie die ersten Bewerber und bekamen den Zuschlag. Das Haus erwies sich als Glücksgriff. „Nicht einmal renovieren mussten wir", erinnert sie sich. Um auch das Schlafzimmer ins Erdgeschoss zu verlegen, zog Sohn André ihnen eine Zwischenwand durch das große Wohnzimmer. Aus heutiger Sicht eine kluge Entscheidung, denn die Treppe in die obere Etage wäre für seinen Vater inzwischen kaum überwindbar. „Wenn man sieht, wie die Mieten ständig steigen", sagt Hans Talke, „dann haben wir das damals doch richtig entschieden." Sie seien in ihrem Häuschen richtig aufgeblüht, hatte Klaus, ihr Ältester, festgestellt, als er sie kurz nach dem Umzug besuchte. Er ist das einzige Kind, das weiter weg wohnt, in Rostock. „Aber wenn wir ihn brauchten, wäre er in wenigen Stunden hier", versichert die Mutter. Die Talkes sind stolz auf ihre vier Sprösslinge. „Alle haben einen Beruf gelernt, haben Arbeit und Familie, resümiert Mama Erna. Sieben Enkel und zwei Urenkel zählen schon zur Familie.

Ein Auto hatten die Talkes nie. Nun, da insbesondere Vater Hans mit gesundheitlichen Problemen zu kämpfen hat, können sie auch in diesem Punkt auf ihre Kinder und Enkel bauen. Tochter Heidrun, die mit ihrer Familie gleich um die Ecke wohnt, übernimmt häufig die Fahrten zum Arzt. Wenn sie verhindert ist, springt deren Tochter Anika ein. Die ist übrigens die Glindower Kirschkönigin des Jahres 2016, wie die Oma gern erwähnt. Und dass André, der mit Frau und Kindern in Ketzin lebt, ab und an im Dachgeschoss seiner Eltern übernachtet, hat nicht allein mit kürzeren Wegen zu seinen Baustellen zu tun. „Ich glaube, er kommt oft vorbei, um zu gucken, wie es uns geht", ist sich die Mutter sicher. Die drei Morgen Obstland von einst haben Erna und Hans Talke nicht mehr. Aber immerhin einen Garten. Sie sind schließlich Glindower.

Zu Beginn der 1990-er Jahre in der Glindower Ziegelei: Hans Talke (rechts) räumt mit seinem Kollegen Kisser die fertig gebrannten Ziegel aus dem Ofen.

Erna und Hans-Georg Talke vor ihrem Haus in Glindow.

Im Tante-Uschi-Laden

Uschi Schellhase (Februar 2019)

Uschi Schellhase in ihrem Laden.

„Frau Schellhase? Kenn' ich nicht", bekam vor einiger Zeit ein Paar aus dem Harz zu hören, das auf der Durchreise in Glindow einen Kurzbesuch bei einer Bekannten machen wollte und das richtige Haus nicht fand. Zum Glück fiel den beiden der Vorname von besagter Frau Schellhase ein: Uschi. Da war alles klar. „Ach Tante Uschi, ja die wohnt in der Nummer 44 neben dem Laden."

Alle in Glindow kennen Tante Uschi. Jeder war schon einmal in ihrem Laden, der nun schon eine geraume Weile die Poststelle ist und von Tochter Katrin geführt wird. Doch der Schriftzug über der Tür blieb. „Ich hatte mir einen Tante-Emma-Laden gewünscht", erinnert sich Uschi Schellhase an die frühen 1990-er Jahre. Damals hatten ihr Mann Georg und sie mutig einen Kredit aufgenommen, einen Stall auf ihrem Hof abgerissen und das kleine Geschäft gebaut. „Aber wenn Uschi drin ist, kann ja nicht Emma drauf stehen", erklärt die 72-Jährige lachend. Der Start für Tante Uschis Laden war hoffnungsvoll. Denn der Haushaltswaren-Konsum im Ort war gleich nach der Wende geschlossen worden. Schickes Porzellan und Kristallgläser, wonach man früher lange suchen musste, waren mächtig gefragt. Aber irgendwann hatten alle ihren Bedarf an Sammeltassen und feinen Gläsern gedeckt. Der Umsatz stockte. Die Händlerin ergänzte ihr Angebot durch eine Lottoannahme.

Als schließlich der Schreibwarenladen Karalus in Glindow schloss und das Dorf damit auch die Poststelle verlor, trug man die Uschi Schellhase an. In Lehrgängen wurde sie auf die neue Aufgabe vorbereitet. So kompliziert hatte sie sich „das bisschen Post" gar nicht vorgestellt. Es funktionierte schließlich, sollte aber nie die ganz große Liebe werden zwischen ihr und den postalischen Angelegenheiten. Ganz anders bei Tochter Katrin. Für die war schon in der Schule

Anfang der 1990-er Jahre war der Laden noch ganz neu.

Ob als Tina Turner oder in Lederhosen, der Glindower Karneval war ohne Uschi Schellhase über rund 40 Jahre nur schwer vorstellbar.

klar gewesen, dass sie einmal eine Ausbildung bei der Post machen wollte. „Nun ist sie die ‚Postministerin' von Glindow", scherzt die Mutter zufrieden, dass sich alles so gut gefügt hat. Nur an den Samstagen steht Uschi Schellhase noch für ein paar Stunden im Laden, damit die Tochter ein freies Wochenende und genug Zeit für die beiden halbwüchsigen Söhne hat.

Eigentlich hatte Uschi Schellhase einmal Lehrerin werden wollen. Ihr Abschlusszeugnis der 10. Klasse war sehr gut. Damit hätte sie am Lehrerbildungsinstitut in Potsdam Unterstufenlehrerin werden können. Aber irgendwie war dann ein Termin zur Bewerbung verpasst und auf den letzten Drücker blieb nur eine Lehrstelle bei der HO (Handelsorganisation) zum Handelskaufmann mit Abitur. Das hieß, man konnte binnen drei Jahren sowohl einen Berufsabschluss als auch ein vollwertiges Abitur erreichen. „Dabei waren Zahlen nie mein Ding", erinnert sie sich. Aber mit dem Abitur in der Tasche wäre ein Studium an der Pädagogischen Hochschule Potsdam möglich gewesen. Wäre, wenn sich bis dahin die Lebenspläne der jungen Frau nicht geändert hätten. Silvester 1965 feierte sie mit ihren Eltern auf der Friedrichshöhe in Werder und dort lernte sie einen gewissen Georg Schellhase kennen, Maler aus Glindow. Keine zwei Jahre später heirateten die beiden. Als dann 1970 Heiko und 1972 Katrin geboren wurden, „war ich Abiturientin beim Windelnwaschen." Sie sagt das heute ohne Bitternis. Den Traum vom Lehrerstudium hatte sie nun aufgegeben. Aber ihren Mann drängte sie, seine Meisterausbildung abzuschließen. Ab 1977 führte er dann den Malerbetrieb seines Vaters weiter. Die junge Mutter arbeitete eine Weile im evangelischen Kindergarten, im Hort und auch im Schreib- und Spielwarenladen von Frau Lohse, den später deren Tochter Marita Karalus übernahm.

Anfang der 1990-er Jahre wurde Uschi Schellhase nicht nur Geschäftsfrau, sondern für zwei Legislaturperioden auch Gemeindevertreterin. Mit der Eingemeindung zu Werder sei Glindow kaum noch Eigenständigkeit geblieben, kritisiert sie. „Was wir beschlossen, konnte die Stadtverordnetenversammlung in ihrer Überzahl kippen. Unter diesen Voraussetzungen wollte ich nicht noch einmal kandidieren." Immerhin hätten sie damals den Spielplatz auf dem früheren Thälmannplatz hinbekommen. Als es aber darum ging, in diesem Bereich der erneuerten Dorfstraße Tempo 30 zu installieren, sah die Stadtverwaltung von Werder keine Notwendigkeit. Da machte Gemeindevertreterin Schellhase mobil, lud zum Lokaltermin mit Bürgern, Presse und Fernsehen. Kurz zuvor lenkte Werder ein. Sie freue sich, dass der Spielplatz so gut genutzt werde, sagt Uschi Schellhase. Und wenn abends manchmal Jugendliche dort sitzen, für die der Platz eigentlich nicht gedacht ist, geht sie auch mal vorbei, um mit ihnen zu reden. „Dass die dort heimlich mal ein Bier trinken oder eine Zigarette rauchen, übersehe ich. Ich war auch mal jung. Wohin sollen die Jungs auch gehen? Es gibt ja nichts für sie. Aber ich mache sie darauf aufmerksam, dass sie keine Kippen oder gar Glasscherben hinterlassen dürfen. Hier spielen schließlich kleine Kinder. Eigentlich sind sie ganz vernünftig."

Ein Bus mit Glindower Karnevalisten war Mitte Februar für ein Wochenende in Kamp Bornhofen in Rheinland-Pfalz. Seit 20 Jahren haben die Karnevalclubs vom Rhein und von der Havel freundschaftliche Beziehungen und besuchen sich gegenseitig. Insbesondere natürlich in der närrischen Zeit. Auch für Uschi Schellhase war es nicht der erste Besuch an der Loreley. Obwohl sie sich in jüngster Zeit aus dem Carnevalclub Glindow (CCG), dem sie beinahe 40 Jahre angehörte, zurückgezogen hat, für Kamp Bornhofen ließ sie sich noch einmal zu einem Auftritt überreden. Mit ihrem langjährigen Karnevalspartner Detlev Willmann stand sie dort in der Bütt und wurde gefeiert. „Sogar der Innenminister von Rheinland-Pfalz kam zu der Veranstaltung", berichtet sie ganz begeistert. Da er vor wenigen Jahren noch Bürgermeister von Kamp Bornhofen war, kennt man sich und begrüßte einander mit herzlichen Umarmungen. „Die sind dort am Rhein wirklich karnevalsverrückt, für meinen Geschmack manchmal zu verrückt", urteilt die Glindowerin. „Mir wäre so eine gesunde Mischung aus preußischem und rheinischem Karneval am liebsten."

Sie selbst kam vor langer Zeit per Zufall zum CCG. An ihrem 10. Hochzeitstag wollte sie mit ihrem Mann bei Haseloffs, wie es in Glindow hieß, also im „Deutschen Haus", auf das Jubiläum anstoßen. Nebenan im Saal tagte der Carnevalclub. Irgendwann wurden die Schellhases hereingewinkt mit der Bemerkung: „Ihr habt doch auch Humor." An diesem Abend packte das Virus sie. Wenn in den Folgejahren die närrische Zeit begann, hingen im Hause Schellhase in jedem Zimmer Kostüme, und Mutter Uschi schrieb an ihren Büttenreden. Das Karnevalsgen hat sich offenbar auch auf die übernächste Generation vererbt. Ein Foto von Enkelin Sophia, als die noch achtjähriges Tanzmariechen war, hat die stolze Oma in ihrem Handy gespeichert. Heute sei Sophia 20 und tanze in der Prinzengarde, erzählt sie und zeigt das Bild einer hübschen Blondine. „Groß und schlank wie die Großmutter!" Die kleine rundliche Frau lacht verschmitzt und dann aus voller Brust. Mit der Gabe, Menschen humorvoll zu unterhalten, ist Glindows Tante Uschi zwar nicht mehr alljährlich in der Bütt, aber auf vielen Familienfesten ein gern gesehener Gast.

„Ich liebe das Leben", gesteht die 72-Jährige und strahlt. Mit ihrem ansteckenden Optimismus überstand sie auch schwierige und schmerzhafte Situationen, wie sie in mehr als

Uschi Schellhase mit ihrer Tochter Katrin Bierey im Laden.

sieben Jahrzehnten niemandem erspart bleiben. Zuletzt, als im Jahr 2015 ihr Mann Georg starb. In den fünf Jahren zuvor hatte er die intensive Fürsorge seiner Frau benötigt, denn er war erblindet. Heute versucht sie Toni und Eddy, die 18- und 16-jährigen Enkel, die nahezu täglich bei der Oma vorbeischauen, ganz sanft auf deren Lebensweg zu unterstützen.

Abschied und Vorfreude

Dr. Dietlind Heinevetter (März 2019)

Dr. Dietlind Heinevetter

Hundertmal mindestens sei sie schon gefragt worden, ob sie verwandt sei mit dem Handball-Nationaltorwart Silvio Heinevetter, winkt Apothekerin Dietlind Heinevetter lachend ab. „Nein. Aber so ganz sicher kann man da nie sein. Denn mein Mann und der Handballer stammen aus Bad Tennstedt und Bad Langensalza, zwei nur wenige Kilometer entfernten Orten in Thüringen. Wer weiß, ob es da vor Generationen mal einen gemeinsamen Vorfahren gab."

Fast 30 Jahre lang war die promovierte Pharmazeutin die Apotheken-Instanz in Glindow. Zum Jahreswechsel 2018/19 gab sie die Obstland-Apotheke in die Hände einer Nachfolgerin. In Hände, von denen sie weiß, dass sie das Haus klug und mit Sachkenntnis weiterführen werden, denn Julia Procopius, die neue Chefin, gehört schon einige Jahre zum Team. „Das war seit langem so abgesprochen und geplant", erklärt Dietlind Heinevetter. „Ich werde zwar in diesem Jahr erst 64, aber mein Mann ist nun Rentner, und wir haben uns gemeinsam noch einiges vorgenommen." Für zwei Nachmittage in der Woche findet man sie vorläufig noch an ihrem alten Arbeitsplatz. Im Herbst wollen die Heinevetters sich dann einen langgehegten Traum erfüllen und auf Weltreise gehen. „Dafür haben wir gespart, und nun ist die Zeit dafür. Wir möchten mit dem Schiff sowohl das Kap Hoorn als auch das Kap der guten Hoffnung umrunden", kündigt sie voller Vorfreude an. „Ich bin besonders gespannt auf Südamerika. Für Silvester sind wir schon in Sydney mit Freunden verabredet. Das waren vor vielen Jahren die Gasteltern unserer ältesten Tochter, die ein Schuljahr in Australien verbrachte. Der Kontakt riss nie ab, wurde mit gegenseitigen Besuchen gepflegt."

Im mecklenburgischen Städtchen Teterow wuchs Dietlind Kobes auf, besuchte dort die erweiterte Oberschule. Eigentlich wollte sie nach dem Abitur Lehrerin werden, am liebsten für Biologie und Chemie. Aber es fehlte wohl an Bewerbern für die Kombination Mathematik und Physik, so versuchte man sie in diese Richtung umzulenken. Aber Physik, nein, das war so gar nicht ihr Fach. Irgendwann war sie sauer, weil der Druck auf sie nicht nachließ. So suchte sie im Studienführer nach etwas anderem, für das Biologie und Chemie relevant waren. Sie fand die Pharmazie und begann in Greifswald zu studieren. „Ich war in einer Gruppe, die auf dem Spezialgebiet Pharmakologie/Toxikologie ausgebildet wurde. Damit strebte man so etwas wie einen fachlichen Schulterschluss zwischen Arzt und Apotheker an. Alle dieser Ausbildungsrichtung gingen am Ende irgendwo in die Forschung", erinnert sie sich. Ihr Weg führte nach Rehbrücke ins Deutsche Institut für Ernährungsforschung.

Die Jahre 1989 und 1990 waren auch für die junge Familie Heinevetter äußerst bewegte. Die zweite Tochter war gerade geboren, und sie entschlossen sich, ein Haus am Stadtrand von Potsdam zu kaufen. Es war ein Haus aus den frühen 1930-er Jahren, damals schnell und billig errichtet. Aus heutiger Sicht war der Preis ein Schnäppchen, andererseits war absehbar, dass sie lange auf einer Baustelle leben müssten, ehe daraus ein Zuhause werden konnte. „Immerhin hatten wir schon eine Innentoilette", schmunzelt die Apothekerin heute. Der erste „Luxus", der einzog,

Die kleine Apotheke im ehemaligen Glindower Kaufhaus (oben). Wenige Meter von der alten Apotheke entfernt wuchs 1995 das Haus mit der neuen Obstland-Apotheke (unten).

war die Duschkabine „Ahlbeck", die sie sich in den Keller stellten. Die junge Mutter schloss das dritte Staatsexamen auf pharmazeutischem Gebiet ab, das wegen ihrer speziellen Ausbildungsrichtung noch offengeblieben war, und erlangte so die Approbation. Sie wollte in einer Apotheke arbeiten, wie es ursprünglich ihr Ziel gewesen war. In Teltow fand sie eine Stelle. Aber gerade wendeten sich Gesellschaft und Arbeitswelt überall im Osten heftig, Ungewissheit herrschte. Und so war auch in der Apotheke diejenige, die zuletzt gekommen war, die erste, die rausflog. Arbeitslos, das kannte Dietlind Heinevetter bislang nicht. Eine Tante, die in der Nähe von Koblenz wohnte, schlug ihr vor, für einige Zeit dort zu arbeiten. Sie bot an, derweil die Kinder hüten, die damals vier und knapp zwei Jahre alt waren. Vater Lutz, promovierter Lebensmittelchemiker am Ernährungsinstitut, blieb in Potsdam.

„Ich hatte dort bei Koblenz einen tollen Chef, habe in den vier Monaten eine Menge gelernt, bilanziert Dietlind Heinevetter. „Mir fehlte ja die Apotheken-Praxis." Zusätzlich sah sie, wie das bundesdeutsche Apothekenwesen funktioniert. Wieder zu Hause traf sie eine frühere Kollegin, die eine Nachfolgerin für ihren Job in Glindow suchte. Auch wenn Dietlind Heinevet-

Dietlind Heinevetter einmal ganz privat ohne weißen Kittel (1992)

ter im ersten Moment erschrak angesichts der dunklen kleinen Filiale der Werderaner Apotheke im Erdgeschoss des früheren Glindower Kaufhauses, sie griff zu. Mit etwas frischer Farbe sah es schon freundlicher aus. Am Plumpsklo im Hof konnte sie so leicht nichts ändern. „Besonders in der Nachtschicht wagte man deshalb kaum etwas zu trinken", weiß sie noch. Ein halbes Jahr später hatte die Treuhand alle bislang staatlichen Apotheken übernommen. Da standen in Glindow der Apothekenstandort sowie fünf Arbeitsplätze auf der Kippe. Nach Beratung zu Hause folgte ihr Entschluss, die Apotheke von der Treuhand zu kaufen. Doch bald deutete sich neues Ungemach an. Das bundesdeutsche Apothekengesetz forderte eine Mindestgröße von 110 Quadratmetern für eine Apotheke, hier waren es nur 87. Außerdem gab es einen Rückübertragungsanspruch auf das Haus. Als in der Nachbarschaft der alte Herr Krüger starb und sein baufälliges Häuschen frei wurde, sprach die Apothekerin dessen Sohn an und konnte das Grundstück kaufen.

Nun wurden die Heinevetters auch noch zu Bauherren. Gedacht hatten die beiden an einen Flachbau für die Apotheke, aber die Gemeinde forderte, ein Neubau müsse mindestens zwei Wohnungen mitbringen. Wennschon, dennschon, sagte das Ehepaar sich, nahm einen Kredit auf und baute bis in die im Ortszentrum übliche Höhe. Das waren zwei Etagen über der Apotheke. Platz zum Wohnen und für eine Arztpraxis. Am 5. Dezember 1995 öffnete die neue Obstland-Apotheke ihre Türen. Das Datum hat Dietlind Heinevetter im Kopf abgespeichert. Mit ihren vier Kolleginnen zog sie damals zwei Häuser weiter in die neuen, viel komfortableren Räume. Heute ist das Team inclusive der Reinigungskraft zehnköpfig und noch immer komplett weiblich. „Ich bin die Elfte", rechnet sie. In jedem Jahr organisierte die Chefin für alle eine Wochenfahrt, deren Ziel bis zuletzt geheim blieb. Unter anderem in Dresden, Görlitz, Meiningen, Wien und auch in ihrem Heimatort Teterow warteten besondere Programme auf das Apothekenkollektiv. Nur als Dietlind Heinevetter ihren 60. Geburtstag feierte, wurde sie von den Kolleginnen überrascht – mit einer gemeinsamen Tour nach Erfurt.

Bis 2004 war der Laden neben der Apotheke an einen Versicherungsvertreter vermietet. Als der Mann sich in die Rente verabschiedete, musste eine neue Verwendung für den Raum gefunden werden. Unter den Kolleginnen wurde die Idee eines Sanitätshauses geboren. Dietlind Heinevetter erklärt: „Natürlich reicht unser Platz nur für ein kleines Sortiment. Aber wir haben uns Partner gesucht, so dass wir jedem Kunden einen passenden Kontakt vermitteln

Das Team der Obstland-Apotheke (nicht ganz komplett) ist eine fröhliche Truppe.

können." Glindow ist für die Apothekerin in all den Jahren auch ein Stückchen Heimat geworden. „Man hört gelegentlich, die Glindower seien verschlossen. Das kann ich gar nicht sagen. Ich wurde gut aufgenommen, der Kontakt zu den Kunden war stets offen und über die Jahre auch zunehmend persönlich. Ich habe mich hier immer wohlgefühlt."

Sah man in Glindow vor allem die Apothekerin Dietlind Heinevetter, so hatte sie in Potsdam natürlich auch ein Familienleben mit Ehemann und Kindern. Mit 50 entschloss sich Lutz Heinevetter, noch einmal ein Studium aufzunehmen: Pharmazie. Sein langjähriges Forschungsgebiet am Ernährungsinstitut war aufgegeben worden. Nun boten sich ihm nur noch zeitlich begrenzte Projekte mit dementsprechend begrenztem Arbeitsvertrag. Er suchte einen Neuanfang und fand einen Studienplatz. In Jena. Das hieß für seine Frau, den Alltag mit Apotheke und Töchtern allein zu meistern. „Nach vier Jahren schloss mein Mann sein Studium mit allen drei Staatsexamen ab." Es liegt noch immer große Achtung vor dieser Leistung in der Stimme von Dietlind Heinevetter. Aber mit 54 und bei Lichte besehen als Berufsanfänger war es dann doch kein Selbstläufer, einen Job in einer Potsdamer Apotheke zu finden. Die Töchter Uta und Nora studierten Medizin und Zahnmedizin, kehrten beide nach Potsdam zurück. So haben die Heinevetters nun das Glück, ihre bislang zwei Enkelkinder aufwachsen zu sehen.

Fotonachweis

Bilder aus den privaten Fotoalben auf den Seiten 9, 12, 13, 16, 19, 20, 23, 28, 29, 32, 35, 37, 38, 39, 43, 44.

Fotos von Edith Mende auf den Seiten: 8, 11, 15, 17, 18, 21, 22, 24, 25, 27, 30, 31, 33, 34, 37, 38, 41, 42, 45.